천 번의 입맞춤

천 번의 입맞춤

신아출판사

8　　코스모스

10　　영원한 사랑

11　　무지개

12　　다이아몬드

13　　순간에서 영원으로

14　　풀잎

15　　민들레 홀씨

17　　빛

18　　천 번의 입맞춤

21　　여름

22　　눈이 내리면

24　　인생

25　　입맞춤

26　　겨울 사랑

27　　델타

28　　가을 저녁

29　　짝사랑

30　　꽃속에 있네

31　　목련 꽃 그늘 아래에

33　　청혼

천 번의 입맞춤

신아출판사

8	코스모스
10	영원한 사랑
11	무지개
12	다이아몬드
13	순간에서 영원으로
14	풀잎
15	민들레 홀씨
17	빛
18	천 번의 입맞춤
21	여름
22	눈이 내리면
24	인생
25	입맞춤
26	겨울 사랑
27	델타
28	가을 저녁
29	짝사랑
30	꽃속에 있네
31	목련 꽃 그늘 아래에
33	청혼

34	사랑의 꿈
35	믿음의 세계
36	구름
37	겨울
38	봄
39	하얀 목련
40	저 조용히 빛나는 별처럼
41	당신이 바라볼 때
42	비
43	저 별이 빛나는 밤처럼
44	사랑의 빛
45	별빛 같은 사랑
46	바람
47	첫사랑
48	사랑의 방패
49	사랑의 빛
50	고백
51	운명
52	순간
53	간절한 사랑

54	반쪽
55	다시 만나리
57	노래
58	인내
59	지혜
61	바람처럼
62	벚꽃
63	사랑이 사랑을 전하는 그 음성으로
64	순정
66	보이지 않는 사랑
67	행복
68	유리창
69	가을
70	당신을 처음 본 순간
71	우연
72	친구
73	겨울나무
74	만남
75	잎새
76	노을

77　기억

78　당신은 하얀 눈처럼

80　봄비

82　위로

84　영원의 속삭임

86　삶

87　은하수

88　행복

89　아득히

90　사랑의 노래

91　은하수

93　만남

94　나비처럼 날아서

95　고향

96　진리

97　빛

98　모든것이 사랑이어라

100　사랑의 왕

102　바람의 고향

103　눈이 내리는 날

코스모스

바람 결에 눈을 날리는 아침
첫눈에 당신을 알아봤어요

하얀 구름을 떨게하는
그 눈부신 햇살의 빛처럼
내 영혼이
오직 당신만이 내 사랑임을 알고는
정말 놀라 기뻐 뛰었어요

맑은 호수에 떨어지는
그 순수한 빛의 물방울처럼
내 영혼이 진정 당신의 영혼임을 알아보았습니다

그 누구도 찾을 수 없는 그 순수한 놀라움 속에서
진정 당신 안에서 내가 당신의 것이 되기 전에
이미 간절히 부서진 채
아무소리 들리지 않는 그 천둥 같은 설레임 속으로
당신의 영혼을 계속 울리네

지금 이 순간 당신을 영원히 찾았어도
바로 사라지는 그 순간을 위로하여
당신에게서 태어나 다시 당신에게로 돌아가는
잃어버린
모든 슬픈 사랑 가운데 당신이 눈을 뜨면
영혼의 방향은 그 순수한 사랑의 그림자를 지우고 떠올라
저 완전한 날들의 빛들의 사랑으로 날 완전히 감싸네

당신이 왔나요

당신이 온건가요

아침 안개에 잠이 덜깬 얼굴
저 눈 부시시한 태양이
사랑스럽게 눈을 부비며
당신을 당신을 환영하네요

정말 당신이 왔나요
영원히 변치 않을 사랑으로
영원히 떠나지 않을 사랑으로
나보다 먼저
당신이 온건가요

영원한 사랑

나는 천 개의 마음을 가지고
그대 앞에 서리라
그대 단 하나의 마음을 선택해라 한다면
그대 사랑하는 천 개의 마음을 감싼
오늘을 보여주리라
그대 멀리 있어도
언제나 내 앞에 있는 것처럼
행복에 겨워 지금까지 견딘
내 순수한 마음을 진정 보여주리라
영원한 사랑 그것을
그대에게 선물하겠습니다

무지개

지상에서 영원으로
아름다움에 대하여
지상의 아름다움을 빌려가는
다음 세상에서 만난 아름다운 이야기
사랑의 다른 표현
간절히 사랑하면 이루어지는
영원한 사랑의 약속
미리 본 영원한 행복이여

다이아몬드

별처럼 아름다운

사랑스런 눈이여

그대 눈 속에서

내 모든 것을 잠시 풀어놓습니다

그리고 닫습니다

그대 눈이 반짝이기 전에

순간에서 영원으로

바람 보다도
구름 보다도

보이지 않는
작은 꽃들을 보아도

잔물결 치는 노을
그 조용한 은빛 사랑 보다도

푸르른 초원의 기다림
그 긴 바람의 물결을 끊임없이 달려도

시간의 눈이 내리는 날
멀리 아득히 사라지는 당신을 보아도

갑자기 쏜살 같이 밤 하늘을 가르는 저 유성처럼
순간에서 영원으로

내 여기에

풀잎

바람이 바람을 더하여 풀잎 하나를 만들 때에
바람이 바람을 더하여 풀잎 위로 풀잎 하나를 더 만들 때에

풀잎은 풀잎 위로 풀잎을 나르며 바람에 사라지네
풀잎은 풀잎 위로 바람을 나르며 풀잎에 사라지네

생에 마지막으로 기다렸던 그 사랑

바람에게는 보이지 않게
바람에게는 보이지 않게

민들레 홀씨

호오 불면
날아가

호오 불면
날아가버려

텅빈 내 마음도 모르고
훨훨 날아가네

그걸 알면서도 당신은 불었어
당신은 이상한 슬픔을 불렀어

그게 마지막 인사인지도 모르면서
뭔가 소중한 것들이 허공으로 날아가네

안개처럼 사랑을 가두고
또 아무것도 원하지 않으면서도
저 슬픔의 빛으로부터 한 없이 멀어지는
뭔가 간절한 것들이 하늘 위로 계속 날아가네

그리하여 끝내 저 하얀 구름 골짜기로 올라가서는
마침내 눈부신 빛의 신비에 쌓여 사라져가

빛

왜 아무런 말도 하지 않고
매번 떠나느냐고 그대는 묻지않나요
그 순간이 나의 모든 것이란 걸
그대는 정말 몰랐었나요

언젠가 그대 앞에 영원히 멈추리란 걸
그대는 알았나요
그 순간이 그대의 모든 것이었다는 것을
정말 내가 모르고 있었다는 것을
그대는 알았나요

천 번의 입맞춤

하늘빛 스며든 잠자리 훨훨 날아올라
어디로 향하나
안개처럼 풀어지는 입맞춤
거기 꿈의 우산을 잡고 날아올라
서둘러 그대를 쫓아가네

사랑한다는 말이 들리지 않는다고
풀의 이슬 속에 숨어 버리면
먼 바람의 끝으로 달려가 빛의 왕좌를 비추네
그리운 눈빛으로 날아가는 행복의 빛을
그대 눈빛 속에 비추네

아롱진 먼 이야기를 담아 꽃의 집을 짓고
바람의 아이들을 초대하면
별이진 그대 가슴은 꽃사슴처럼 부풀어오르네
잔털 몽롱한 하늘 강가에서
그대의 얼굴을 어루만지네

반짝이는 호수강가로 더 가까이

빛나는 영원을 숨은 그리움으로 에우면
내일의 태양이 함께 빛나는 빛의 물결의
사랑이 이룬다
그대안의 기다리는 오늘의 아름다움의 문앞에
서있네
사랑이 그리운 사랑을 찾아

사랑할수록
아름다운 영혼들에게
바람이 웃는 그늘진 꽃의 구름을 선사하면서
장미의 안개와 코스모스의 구름을 안고
그대를 더 가까이
볼수록 믿을 수 없는 사랑을 반짝이네

그대 눈 깊이
입맞춤을
그대 눈 깊이
키스를

사랑이 부르는 안개의 언덕에서
그대를 다시 안고 잊어지면
다시 떠오른 사랑의 기쁨과
멀어지는 사랑을 안은 온유의 빛속으로 함께하는
결코 놓칠 수 없는 잊을 수 없는 것들을 데리고
오후의 햇살은 거기 첫사랑의 잊혀진
다이아의 기억을 찾는다

모든 것을 바라보면서도
다시 기다리는 것처럼
그렇게나 늦게 모든 것을 걸었던 것들이
그렇게나 아름다운 것들이
두손모아 하늘을 나네 간절히 간절히

여름

갑자기 소나기가 내리고
천둥 번개치는 놀람이여

계속 작열하는 하늘 아래
두려움없이
내 안의 아름다운 순수함과 함께 하라

아이들은 달려가
귀를 막고 물속으로 뛰어드네
먼 들판 아래에 번개치는 여름이여

눈이 내리면

눈이 내리면
나는 떠날 수가 없네

사랑하는 사람을 거기 두고 떠나왔네
그대로 눈이 되고 눈물이 되었을 사람

떠나는 순간부터 그대로부터 멀어지지만
그대에게로 다시 가는 길

눈이 내리면
나는 떠날 수가 없네

눈 내리는 풍경은
내 영혼의 고향에 아름다운 작별인사를 하네

모든 것을 간절히 사랑하였으므로
그대에게 다시가네

눈이 내리면

나는 떠날 수가 없네
눈 내리는 그곳에 나도 거기 있네

언제까지나 기다리고 있을 그 길로
그 하이얀 눈위로
그대와 함께 영원 영원히

인생

사는 것이 슬프다고
자네는 말하네
이룰 수 없는 것을 이루려 한다고
지나고 나면 모든 것이 헛된 것이라고
산다는 것이 뭔가 슬프다고
자네는 내게 묻네

나는 말하네
오늘만 슬프다고
내일은 영원한 행복이 기다린다고
사랑의 모든 설레이는 순간이 함께한다고
영원한 사랑이 우리 가슴에 영원히 빛나네

친구여, 우리는 영원한 사랑속에서 사네
결코 오늘도 슬프지 않네
결코 그대의 사랑은 헛되지 않네
영원한 사랑속에서
영원히 그대의 사랑은 빛나네
친구여, 결코 오늘도 슬프지 않네
영원한 사랑속에서 우리는 영원히 사네

입맞춤

낙엽 쌓인 곳을 찾아가는 깊은 발걸음이었다
바람따라 달려가는 빛나는 웃음이었다
진흙에 푹푹 빠지는 얼얼한 상심이었다
갑자기 바람에 푹 번지는 확 날리는 사랑스런 도망자였다
막 시원한 얼음 동굴에서 꺼낸 하이얀 아이스 께끼였다
영원한 미안함 영원한 고마움
영원한 달콤함 그런 말은 말고

겨울 사랑

설희, 믿을 수 없는 이름
눈 날리는 범벅 속으로 데려가리

어슴프레 잔가지들 꿈의 향기처럼
먼 사랑 이야기를 담았다
사랑찾아 헤매는 방랑자의 마음을

빛나는 태양 아래에
소담스레 퍼지는 사랑의 향기

설희, 믿을 수 없는 이름
눈날리는 범벅 속으로
아득한 사랑 속으로

델타

그대 목에 붉은 스카프를 매고
내 앞에 나타난 그대여
모든 것을 그리 흘러가면서
거울을 보며 한 번 더 매어을 스카프여
그대 얼굴이여
별처럼 아름다운 그대 눈이여
나는 왜 그 순간을 놓쳤나요
그대를 바라보면
마치 달이 비치는 것 같았어요
나는 왜 그 순간을 놓쳤나요

가을 저녁

그 어디선가 날 부르는 소리
밖을 나서 홀로 가을을 맞는다

나뭇잎 사이로 그대는 어디를 가나요
누구를 기다리나요
마음 속 사랑하는 사람
그대를 그리워하는 것을 아시나요

그 어디선가 날 부르는 소리
그대가 거기서 올 것 같아
거기 서성이네
밤이 되도록 돌아갈줄 몰라
홀로 가을을 걷는다

짝사랑

안개의 빛에 휩쓸려
저기 달아나는 계곡의
저 눈부신 한 무리의 떨어진 아름다운 꽃들로부터
이별은 사랑에게
바람의 아름다운 꿈을 고이 건네주었다

바람이 쉬어가는 안개나무 속에서
거기 하얀 목련 그늘 아래서
당신 한 송이의 설레이는 사랑을 들고
꼭 당신이 오기만을 기다리고 있다

꽃속에 있네

꽃속에 있네
나의 마음이

나의 첫사랑이 예쁘게 숨어있네

저 잃어버릴 수 없는 당신의 모든 아련한 것들을
이제 흘러가 이룰 수 없었던 지난 날
당신의 모든 기쁨으로 날 위로하네

목련 꽃 그늘 아래에

헝클어진 바람 따라 한 번은 그대로 피어 올랐다
또 아름다움은 아름다움을 따라
더 아름답게
사랑을 계속 피어 올렸다

오로지 당신만의 기쁨을 원하기에
당신을 찾아 당신이 올 때까지
눈을 감았다

눈 내리는
그 하얀 그리움으로

목련꽃 그늘 아래서
드디어 당신 앞에 돌아왔다

모든 이별 없는 만남을 가지고

그러나 저 멀리
사랑의 빛 폭풍에 눈부시게 황홀하게 부서져

거기 당신이
계속 기다리고 있는 것을 또 잊을진대

청혼

하늘이 이제 빛나는 구름처럼 내려와
저기 하얀 목련이 눈부시게 빛나네
그러면 당신은 아름다운 당신은
매혹적인 아름다운 봄이 되네

얼마나 좋아하는지도 모르면서
당신은
당신 아름다운 미소를 고요히
당신 그리운 은빛으로 가꾸네

그러면 나는 순수한 구름처럼
당신 눈빛 속에 잠겨서 멀리 떠나네
뒤돌아서듯
갑자기 사랑의 꿈이 떠나네

당신에게 이미 내 모든 것을 주었지만
당신은 결코 모르는
내 아름다운 청혼이여

사랑의 꿈

비는 슬프게 내리네

날개를 잃고 비에 젖은 어린 새처럼
다만 짙어가는 어둠 속에서 희미하게 밝히는 눈

아무도 들을 수 없는 사랑의 꿈처럼
비는 슬프게 내리네

내리는 비는
그렇게 사랑을 받으면서도
스스로는 사랑받는 것을 전혀 모르는 것처럼 내리네

사랑은 잊혀지지 않을지라도
가엾은 마음은 비의 나라로
언제나 간절한 꿈은 별처럼

저 흘러가는 아름다운 별 무리속
고이 잠드는 주님의 얼굴이여

믿음의 세계

오 아버지는 얼마나 위대하신가

저 새가 날아가
하늘로부터 떠나가고
또 땅으로부터 멀어져 사라질지라도

결국
모든 것들이 진리에 순복하는
네 믿은 대로 이루어지는 세계를
이미 펼쳐 놓았으니

구름

하늘의 모래톱이여, 파도여
바람의 빵이여
노을의 풍선이여
계곡의 강이여
변화하는 형상의 조각이여
늦게온 기다림의 입맞춤이여
뭉게구름 피어나는 빛나는 궁전이여
새들 뛰오르는 빛나는 붉은 어선이여
노을진 강 따라가는 목자의 어린 양떼들이여
대지의 젓가슴을 위로하는 붉은 사슴이여
앞서 쫓아가는 오로라여, 하얀 오로라여
태양아래 잔가지 빛나 솟아 오르는 다이아여
영원한 빛의 무릎이여, 시린 하늘의 얼음강이여
영원한 하늘 아래에 행진하는
말없는 영원한 승리자여
그대 영원한 평화여, 영원한 평화의 평화여
그대를 사랑합니다

겨울

꽁꽁 언 벌판으로
달려가 보았다
차가운 물속으로 잠기는 철새들
차갑게 불어오는 긴 바람의 끝으로
우리의 사랑을 묶는다
너무나 행복하다고

봄

함께 보고 느낀다는 것보다
더 행복한 것이 있을까

아름다운 사랑이
영혼속에서 빛날 때

하얀 목련

저기 하얀 목련이 흐드러지게 피어날 때에
당신은 조용히 그 아래에 서 있어 주오

고운 천상의 등불을 켜고
하얀 그 목련의 안개와 함께
나를 기다려 주오
고이 나를 한 번 기다려주오

당신을 한 번만 볼 수 있다면
멀리서라도 당신을 한 번만 볼 수 있다면
정말 당신을 한 번도 보지 못했기 때문에

당신을 한 번만 부를 수 있다면
멀리서라도 당신을 한 번만 부를 수 있다면
정말 당신을 한 번도 부르지 못했기 때문에

저 조용히 빛나는 별처럼

당신은 모르는
내 간절한 사랑을
내 모든 것을 당신에게 줄 수만 있다면

지금 이 순간이 영원으로 사라지기 전에
저 조용히 빛나는 별처럼
당신 안에서 영원히 빛나는 법을
내 미리 알았더라면

당신이 바라볼 때

외로운 내 삶
기다림만으로 끝이 날지라도
나는 영원 속에서 잠시 멈추었네

나무 잎새가 당신을 내릴 때

사랑이 그토록 아름다운 당신을 비출 때

비

조용히 내리는 비여
너는 바람처럼
맑은 영혼 속에 부는 사랑이어라

기약 없는 내일의 기쁨 속에서
당신 눈에 몰래 사랑의 꽃을 피우는
너 어린 희망의 얼굴이어라

영원히 축복받는
어느 눈부신 보석의 연못처럼
갑자기 사랑의 파도가 일어나
멀리 당신을 데리고 온다
안개꽃처럼 당신을 조용히 안고
내 영혼 깊은 곳에서 눈부신다

저 별이 빛나는 밤처럼

그대 보이지 않아도

내 사랑이
온 세상을 휩쓸면

그대와 내가 만난다

저 별이 빛나는 밤처럼

사랑의 빛

보이지는 않지만
당신에게 건넸네

나의 모든 것을
바람처럼
별의 향기를 실어

당신의 눈 속에 비쳤네

당신의 먼 고향과 같은
그리운
아득한 것을

당신에게 다정한 당신에게
간절히 빛나기를 원하는 당신의 눈 속에

나의 영혼을 조용히 반짝였네

한순간의 반짝임에도
별빛 가득히 당신 영혼이 빛나는 것을

별빛 같은 사랑

그대가 나를 사랑하기에
나는 그대에게 사랑을 주었다

그대가 찾고자 한다면
찾을 수 있는
그 천둥 같은 설렘임을

그대만이 느낄 수 있는
다정한 달빛 같은 사랑을

그러나 그대는
너무나 아름답고 고귀하게 빛나는
저 장미 같아서
그 감미로운 사랑을 다른 사랑속에서 잊었다

전부 아니면 찾기 힘든
그 별빛 같은 사랑을

바람

바람을 따라가는 바람이 있었네

문득 뒤돌아 보면 아무도

그러나 멀리 이어진 당신만을 향한 고요한 다정함

첫사랑

처음 부딪쳐 느끼는 순간
바람은 첫사랑처럼
그게 마지막 사랑인 것처럼
아름다운 포옹으로
가득 감싸네

처음 느끼는 순간
그 사람을 알아보고
그의 품 속에서 그의 얼굴에서
너무나 부드럽게
너무나 너무나 감미롭게
그 아름다운 사랑을 완성하네

아름다운 꽃향기 가득한
그리움 속으로

사랑의 방패

저 하얀 벚꽃이
그 돌아오는 순수한 아름다움 속에서
벗어나

저편 사랑의 샘 속으로
조용히 꽃의 기쁨이 잠기면

저 하늘의 기쁨은 출렁거리네

마치 사랑의 방패처럼
사랑이 아닌 것은 들리지 않네

사랑의 빛

아버지의 사랑이 언제나 빛처럼 내게 비추네
모든 곳에서 나를 비추네
나 아버지의 사랑을 알았네
그 크신 사랑의 비밀을
모든 곳에 진정 아버지의 사랑이 비추고 있네
빛나는 태양처럼 가득히
조용히 눈이 내리는 것처럼
모든 곳에 아버지의 마음이 있네
길가에 핀 작은 꽃일지라도
길가에 뒹구는 작은 돌일지라도
모든 곳에 아버지의 사랑이 숨어 있네
진정 그것을 찾아 느끼면 아버지의 사랑이 은밀히 오네
그 바람 같은 평화의 기쁨이
내 마음 깊은 곳
반짝이는 밤 하늘의 영원한 별들처럼

고백

별이 빛나는 밤
아름다운 영원의 골짜기에서
끝내 내가 사랑을 말하지 않는다면

별들이 날아가리

울면서 당신에게 쏟아지리

아름다운 영원이 빛날 때

운명

그 어떤 사람이
순간 당신의 마음을 훔쳤는가

이슬도 아니고 햇살도 아닌 것
바람도 아닌 것
간절히 기다리는
어느 저녁의 노을도 아닌 것

처음 마주친 순간
운명처럼 첫눈에 알 수 있는 것

어느 순간 말없이 허공에 눈이 내리는 것처럼
당신의 순수한 영혼에 조용히 빛나는 것

당신이 모르는
당신의 눈 밖에서
당신을 영원히 감싸며
조용히 빛나는 것

순간

저 나뭇잎 끝에서
한방울의 물이 떨어질 때

당신에게 이별을 이야기하던가요
당신에게 사랑을 이야기하던가요

아니면 지금 이 순간을 계속 이야기하던가요
결코 놓칠 수 없는 그런 순간이 존재한다고

간절한 사랑

내 잃어버린 꿈같은 저 그리운 별빛이여
그리운 보고싶은 내 사랑이여

내 평생에 그리운 사랑도
순간 저 별이 떨어지는 것보다 못하네

어디엔가 있을 그곳에서
말없이 간직하고 사는것을

끝내 사랑이 전해질 때
그 순간 모든 것이 이루어졌노라고

반쪽

어쩌면
저 꽃을 두른
고요한 하늘 빛 속에서는
못이룬 내 사랑 이루어져 있으리

다시 만나리

다시 만나리
긴 겨울의 들판을 건너
그 차거운 바람의 날개를 접고
우리 다시 만나리

오랫동안 기다려온 한줄기 삶의 빛처럼
구름을 뚫고 비치는 저 평화의 미소처럼
우리 다시 만나리

저 하늘에 흐르는 새들처럼
그대 굳이 약속하지 않아도
우리 다시 만나리

거칠고 메마른 가슴에
내리는 단비처럼
저 외로운 초원에 부는 시원한 바람처럼
온유한 그 사랑의 속삭임으로
우리 다시 만나리

그대 어디에 있든
흐르는 강물 되어
잊을 수 없는 그대 반짝이는 눈이 되어
우리 다시 만나리

그대 기억하지 않아도
사랑이 부르는 그대 영혼의 설레임처럼
그대 앞에서 다시 눈이 내리는 것처럼
우리 다시 만나리

노래

평생 내가 당신에게 해준 것은
노래하라는 말
당신을 위해서 노래하라는 말
당신 홀로 외로이 있을 때
당신 힘들고 지쳐 위로 받을이 없을 때
홀로 지으며 부르던 그 노래

바람만이 아는 그 노래
하늘만이 아는 그 노래

세상풍파 아무리 출렁거려도
마냥 어린아이처럼 아장아장 누비는 당신
세상 한기 뼈속까지 시려도
당신 불의 심해 같은 눈을 삼키며 건너네

바람만이 아는 그 사랑
하늘만이 아는 그 사랑

세상에서 가장 아름답고 행복한 노래
세상에서 가장 행복하고 사랑스런 노래

인내

저 은빛 강물처럼 인내하리
오직 당신만을 생각하며 기다려
가장 아름다운 순간을 당신에게 전하리

지혜

모든 것의 문제가
진정 나의 부족함에서 오는 것을
누굴 탓하고 누굴 원망한단 말인가

내가 진정 겸손했다면
오직 하나님만 의지했을텐데

내가 진정 모든 사람을 사랑했다면
내가 참을 수 없는 수치와 모욕을 당한다 해도
견딜 수 있었을텐데

내가 진정 지혜가 있었다면
바람도 불지 않았을 것을

내가 진정 분별이 있었다면
지나가는 시간에 속지 않았을것을

내가 그때 사랑을 알았더라면
순전히 사랑 앞에 불려갔을 것을

사랑이 보고
사랑이 말하게 두었을 것을

바람처럼

아버지께서
바람처럼 날 다시 기억하시네

아버지께서 이루신 일은
바람처럼 부드럽고
바람처럼 향기롭고
바람처럼 확고하며

바람처럼 온전하며
바람처럼 기다리며
또 바람처럼 데려오며
바람처럼 사랑을
이룬다

벚꽃

어느 날 벚꽃이 하얀 눈처럼
하얀 미소처럼 함박 피었네

뭇 인생 설움도 감출 필요도 없이
모두 다
나 같이 사랑하는 줄 알고
미리 앞서 활짝 다
별의 누이 같은 사랑 문을 여네

단 한 번 사랑에
모든 기쁜 것을 다 주는 사랑

당신은 없는데
당신이 왔구려

사랑이 사랑을 전하는 그 음성으로

사랑이 사랑을 전하는 그 음성으로
어느 날 낯선 곳에서 나는 당신을 불러보리
당신의 이름을 한 번 불러보리
흔들리는 그 눈빛 속에서 나는 당신을 불러보리
간절히 사랑해도 말할 수 없었던 이름 당신을
내 가슴 속에서 나즉히 혼자만 불렀던 그 이름을
한번 불러보리
바람의 사랑같은 그 다정한 눈빛을
한번 불러보리
간절히 이 지상에서 오직 당신만을
찾는 것처럼

순정

결국 시간이 흘러
당신 마른 낙엽처럼 앙상해진다 하여도
당신 아름다운 신비를 다 뺏긴다 하여도

그래도 나에겐 당신이
언제나 너무나 아름답다는 것을 기억해줘요
당신이 존재한다는 것만으로도
당신이 나를 사랑했었다는 것만으로도
나는 너무나 행복해요

내 평생에 나는 가장 아름다운 사랑을
당신에게 드리고 있어요
당신 슬플 때 때로 괴로울 때 그것을 생각해줘요
우주에서 가장 사랑 받고 있다고

남아있는 삶 당신을 다시 보지 못할지라도
당신은 나에게
내 영혼 속에 고귀하게 빛나는 아름다운 별이라는 것을

부디 당신 기억해줘요
언제나 힘들 땐 기억해줘요
하늘 아래 늘 당신과 함께 반짝이고 있다는 것을
함께 기쁘고 함께 슬프다는 것을

보이지 않는 사랑

밤의 슬픔의 풀잎으로
또 별이 사라졌다

간절히 사랑하면 이루어지는
저 보이지 않는 놀라운 처음의 시작

당신, 들리지 않는 사랑

행복

갈곳 없이 한낮의 기분좋은 바람에
저 나무 가지가 잔잔히 흔들리면
그 그늘에 앉아 한껏 기지개를 켜는 빛을 따라
구름 속에서 나온 태양을
그 나무 잎새는 다정하게 가리운다
태양처럼 웃는다

인생은 가고 없는데
사랑은 가고 없는데
그 나무 잎새는 가날프게 다시 흔들려

그대 시선이 영원히 머무는 것처럼
함께 느끼는 것처럼

그 어디엔가 있을 그곳에서
사랑하는 사람과 영원히 함께 한다는 것
그것보다 더 좋은 것이 있을까

유리창

비는 소리없이 내리는데
눈물 범벅이 된 창

창에 비치는
너의 슬픈 얼굴

더 이상 머무를 수 없는 또 다른 사랑 하나가
혼자만 서럽도록 애타게 그리다가
슬픈 사과처럼 망설이다가

차마 머뭇 머뭇 말하지 못하고
왠지 숨기고픈 돌아서는 모습으로
끝내 마지막으로 사랑의 얼굴을 확인하듯이
기어이 또 다른 아름다움을 섞고는
지그시 혼자만의 눈물을 내리 긋는다

가을

가을이 날아가네
바람의 물결따라 깊은 그리운 나라로 날아가네
내 이룬 것이 아무 것도 없는데
모든 기다림을 달래 온 저 아름다운 빛이
때가 되매 모든 사랑의 기쁨을 모아 날아가네

당신이 얼마나 향기로운지를
당신이 얼마나 상냥하고
당신이 또 얼마나 아름답고 사랑스러운지를
내 아직 당신에게 말하지도 않았는데
당신은 그리운 먼 소식이 되어
당신은 듣지도 못한 그 아득한 아름다움으로 사라지네

당신을 처음 본 순간

당신을 처음 본 순간 알았어요
나는 모든 것을 알았어요
내 영혼에 빛이 비치는 것처럼
갑자기 사랑이 내게로 온 것을 알았어요

지금 이 순간을 위해 기다려온 어떤 운명처럼
당신을 눈을 처음 본 순간
나는 당신의 그 영원한 사랑의 눈빛 속에서
우린 영원히 함께 해야 한다는 것을

우연

까맣게 잊고 있었고
이제 헤어지면
다시는 볼 수 없을 것 같은 너를
어느 날
다정한 아름다움이 스치는
순수한 기쁨속에서
우연히 너를 다시 만나네

너는 끝없는 밤 하늘 속을 외롭게 헤매이다가
저 한 점 슬픔 없는 사랑의 빛이 열리자
하늘 가득 조용히 첫눈이 내리는 것처럼
곧장 영원 속의 영원으로 들어왔다

친구

저 태양의 순수한 누이
하얀 코스모스
오 내 마음의 빛이여

그대에게 조용히 다가가
그대를 여기서 반가이 본다

그 누구도 꽉 잡을 수 없는 꿈
하얀 구름의 입맞춤
다정한 아름다운 아름다운 행복이 와

내 영혼에 기쁘게
모든 사랑의 꿈을 반짝인다
온생애를 살아 온
기다리는 사랑의 기쁨과
한점 후회없이

겨울나무

마침내 간절한 사랑이 이루어짐을
내 알아보겠네

그토록 기다렸던 사랑이
이루어져
환희의 축복이 온생으로
감싸네

하나의 사랑안에서
함께 피어나는
사랑의 환희로
온 세상을 맞는다

이제 사랑을 알기에
다시 헤어지는일이 없고
모든 기쁨과 슬픔을 나누며
평생 변하지 않는
사랑의 기쁨 가운데
행복하게 살리라

만남

옛 밤을 건너 아름답고 환하게
그대 잊을 수 없는 사랑을 울리며 다시 오는가

그대 저 가날픈 아름다운것들을 데리고
이제 만날 수 밖에 없는 것들을 기억하라고
지금 내 앞에서 눈이 오는가

다시 찾은 그 행복의 뒤안길을 데리고
여기 잊을 수 없는 기다림 속에서
하얀 눈이 내려와

지금 그대 영원한 눈을 마시지만

고요 속의 고요로도 막을 수 없네

잎새

돌아오는 길들로
흔들리지 않는 약속
사랑이 이루어질 때까지
돌연, 처음 들킨 그대로의 사랑을 보여준다
숨은 잎의 환희
순간 없는 영원을 들려준다

노을

한편의 그리운 먼 영혼 속에서
노을은 평화로히 사랑과 잠들었다
오랫동안 기다려왔던 빛의 침묵은
위로의 기쁨으로 빛나고
오늘 하루도
저 하얀 구름과 함께 흘러간다
저 멀리
아름다운 형상이 몰려오는 들판을 향해
고개를 돌리며
나는 마냥 행복하게
불어오는 바람에 목이 감기네

바라보면
보이지 않아도
보이는 그 순간을 위하여

기억

나무 잎새가 바람에 흔들리면서도
흔들리지 않는듯이
흔들리지 않았다는 듯이

거기 물에 이는 조용한 파문처럼
사랑하면서도 사랑하지 않는듯이
어제도 오늘인 것처럼

영원히 잊지 않는듯이

당신은 하얀 눈처럼

당신을 찾았다
내 평생 당신만을 찾아 헤맸다

당신은 하얀 눈처럼
하얀 눈은 당신의 아름다운 눈처럼

그토록 아름다운 눈은 내리는데

당신은 사랑을 간절히 부르는
고요한 꿈의 안개처럼
당신은 모든 슬픔을 감추고
당신 영혼에 빛날 저 하나의 등불이 되어 사라지네

당신을 찾았다
내 평생 당신만을 찾아 헤맸다

기다려준 아름다운 기쁨 당신 아름다운 눈 위에
그토록 아름다운 눈이 내려와
그토록 아름다운 사랑이 내려와

당신 아름다운 바람이 되어
그토록 기다렸던
우리 축복의 만남 속으로 데려가네

당신은 하얀 눈처럼
하얀 눈은 당신의 아름다운 눈처럼

그토록 아름다운 눈은 내리는데

봄비

가는 봄비에 아름다운 당신 흐날릴 때에
봄비 내려 아름다운 사랑 흘러갈 때에
나는 당신을 찾아 헤매네

아름다운 당신을 모아
고운 눈꺼풀로 흘러갈 때에
불어오는 당신 속에서
당신을 속삭이며
나는 당신을 찾아 헤매네

거기 아련한 꽃잎이 당신을 흐날릴 때에
당신 활짝 핀 저 연보라 무릎 골짜기에서
순수한 아름다움을 높이며
나는 남몰래 하얀 별의 눈물을 따네

모든 고요가 당신의 아름다움을 잃어버리고
사랑할 수 없는 순간 모든 영혼을 사랑할 때에
나는 당신을 찾아 헤매네

거기 당신 홀로 외로이
어느 아름다운 침묵을 잃어버린 채
걷잡을 수 없는 위로의
저 안개 풀린 비가 되어 저 외로움의 불이 되어
당신 홀로 흘러갈 때에

슬픈 그리움은 더욱 서러운 비속으로
저 아련한 사랑과 함께
내 미치도록 아름다운 날
내 모든 행복을 당신께
내 미치도록 타는 아름다움을 당신께

가는 봄비에 아름다운 당신 흐날릴 때에
모든 고요가 당신의 아름다움을 잃어버릴 때에
저 아늑한 봄비의 품에서 나는 미치도록 타지만
나는 서럽게 타지만
아픔은 당신에게 있네 아픔은 당신에게 있네

위로

이 적막한 밤의 외로움은
누구를 위한 것인가
차가운 대지 위에 잔물결치며 우는
풀벌레 소리와 함께

먼 지평선에서 몰려오는
말할 수 없는
아련한 불빛들의 외로움과 그리움

그건 아니다
저 흘러가는 구름에 감기우는
달의 외로움과 서러움을 뒤로한 채
이제 그 무엇도 관심없는 끝없는 침잠
지치고 상처받은 영혼의 품에
이미 안겨있는 외로운 밤이다

낮에 겸손히 빛나는 침묵의 평화와는
다른 이 어두움과
스스로의 상처를 잠재우는

차가운 바람의 잉여 속에서
이제 더 이상 아무 것도 위로받을 수 없다하여도

다만 찾고 두드리는 자비 아래에
늘 정직하고 겸손하여라
내일의 정직이 항상 앞서
그대의 힘이 될 것이다

그리고 그대 쉬어야할 때
그대 피로한 눈을 감아야할 때
이제 깊은 슬픔도 잊어버린
저 영롱한 별빛 속에서
그대 고요히 잠들기를
그 사랑의 단잠 속에서
그대 다만 깊이 잠들기를

그래야
다시 아침을 맞이할 수 있을테니까

영원의 속삭임

누가 당신을 불렀는가
깊은 고요
바람의 언덕에서
들리지 않는 영원으로 당신은 들었는가

갑자기 허공에서
빛의 안개가 열리고
꽃이 방금 피어나 나타나는 것처럼
하얀 눈이 조용히 내리네

그것은 아련히
어느 먼 기다림의 행복을 찾아가는
정말 아름다운 사랑이야기
정말 아름다운 사랑의 향기

사랑사랑 하얀 눈꽃
당신 가슴에 한아름 안기고
우린 빛나는 기쁨 속을
함께 걸어가네

거기 정답게 손을 잡고
한 번 더 눈부시도록
당신 품 속으로 다시 사라지네

당신 울먹이는 고요
별빛 반짝이는 눈 속으로
볼수록 가득 안기는
아름다운 당신 속으로

당신 울면서
저기 저 멀리
어느 먼 아름다운 사랑으로 불려갈지라도

그래도
당신은
당신은 내 가득히

저 들을 수 없는 안개의 계단 속에서
어느 슬픔 없이 문득 사랑에 눈이 멀고
길을 잃고 돌아오다가
그저 잠시 잠든 이별로 상승하다가

저 말할 수 없는 푸른 보석의 숲 속에서
당신을 얼리며 하나의 영원으로 계속 흐를 때

삶

바라보는 순간은 안다
지금 이 순간이 나의 행복임을
나의 영원에 스치는 그대인 것을
나의 것임을

그러나 너무나 짧구나

은하수

다시 잠들기 전에
그 영원한 사랑의 품 속에서
미래의 꿈들이 조용히 반짝이는
저 하얀 양 떼의 그 순수한 별들로 몰고가네

마치 밤의 빛나는 행복처럼
한 떼의 별무리들이 하얀 구름에 서서히 가리울 때

그동안 얼마나 많은 아름다운 사랑이
내 영혼 속에서
무심히 스쳐 지나갔는가를 깨닫게 하네

저 흘러가는 나날들 속에서
그토록 아름다운 사랑이
다시 내 앞에 간절히 펼쳐지는 것을 난 알지 못했네

행복

당신 그리워도
외롭지는 않게

당신 외로워도
슬프지는 않게

당신 슬퍼도
사랑은 멀어지지 않게

깊은 밤이 되면
모든 별들을 데리고 당신에게 가리

아득히

별이 사라지기 전에

별이 떨어지는 것처럼 아득히

사랑을 데리고 올 것이다

사랑의 노래

별 총총한 밤
바람의 노래

그리움의 향기 가득한
아름다운 별들의 노래

아름다움의 그리운 사랑스런 푸른밤
당신 눈 같은
영원한 사랑의 노래

은하수

내가 모든 것을 잃어 버렸을 때
그때 나는 가장 아름다웠다

별의 향기를 가진 영혼이 되어
바람의 언덕을 두르고
당신의 아름다운 사랑을 꿈꾸었다

어느 날 갑자기 사랑이 찾아든 것처럼
멀리서 바람 소리에 실려온
당신의 아름다움을 들었다
고요히 푸른 하늘 아래에
흔들리며 반짝이는
당신의 영원을 안았어
그것만이 내 모든 삶인 것처럼
나의 아름다움을 당신에게 조용히 들려주었다

홀로 버려져도
바람만을 듣는 꽃처럼
가장 아름다운 평화와 사랑을 계속 파고 들었다

아픔 끝까지는 아니어도
당신 눈물까지는 아니어도
모든 별들이 당신을 알아보고
밤에 감추어 둔 그 하얀 별무리
당신의 눈부신 사랑
끝내 말못할 그리움
그 사랑의 아름다운 노래를

만남

밤에 홀로 별을 보았다

너무나 멀어
외로워
스스로 빛나는
홀로 그리 떠도는

너무나 춥고
너무나 슬픈
가난한 형제의 별

오늘도
고귀한 영혼에 미끄러지는
바람의 강만이 그의 진정한 친구다

하나님의 도우심으로
내 너를 만난다면
나의 모든 것을 너에게 주리

나비처럼 날아서

나비처럼 날아서
아름다운 기쁨 속으로

풀처럼 날아서
즐거운 행복 속으로

저 태양처럼 날아서
영원한 기쁨속으로

당신의 마음이 되어
영원한 사랑속으로

고향

그리고 나무 위로 웃음을 뿌렸다

그리운 고향으로 더 멀리 낙하하는 마음과는 달리

아, 하루를 온전히 보상받듯 쾌활히 방향 터는 날개들이여
오 샘솟는 기쁨이여

진리

나는 이제 더 이상 목마르지 않네
이 거친 세상에서
내 영혼은 참 기쁨을 찾았다네
내 주 하나님 오, 나의 하나님
그분을 찾았다네
그분은 나의 모든 것
내 영원한 사랑
이 세상은 단지 그림자에 지나지않네
해가 지듯이 모든 인생이 결국 사라져버리리
모든 달콤함도 끝나네
오직 그분만이 영원하리
오직 그분만이 모든 것을 자유케하시네
오직 그분만이 모든 것을 온전케하시네

빛

더 인내하라
완전한 빛이 될 때까지

더 사랑하라
사랑만이 전부가 될 때까지

더 낮아져라
오직 주님만이 보이도록

더 기뻐하라
모든 순간 주님만을 느낄 수 있도록

더 감사하라
모든 순간 주님의 음성을 들을 수 있도록

더 기도하라
모든 순간 주께 영광을 돌릴 수 있도록

모든것이 사랑이어라

모든 것이 사랑이어라
모든 것이 나의 사랑이어라
만물이 모든 사랑의 비밀을 드러내고
모든 사랑이 사랑 안에 나를 가두었네
그리하여 빛으로부터
이제 나의 사랑을 모든 이에게 전하네
태양은 영원한 기쁨으로 빛나고
구름은 영원한 천국을 확증하네

모든 것이 사랑이어라
모든 것이 나의 사랑이어라
어둠을 밝히는 사랑이 그의 마음에 흐르면
나의 진실한 사랑을 언젠가 그도 느끼리
눈에서는 눈물이 흐르네
진실한 사랑은 가슴에서 가슴으로 흐르네
말은 하지않아도 사랑은 사랑 안에서 하나되리
눈에서는 눈물이 흐르네
나를 모욕하고 상처준 지난 모든 것을 용서하노라
나를 용서하노라

눈에서는 눈물이 계속 흐르네
모든 것이 사랑이어라
모든 것이 나의 사랑이어라

사랑의 왕

오 주님은 얼마나 고요한지
눈속의 왕

오 주님은 얼마나 다정하신지
사파이어의 미소

오 주님은 얼마나 화사한지
꽃중의 왕

태양 아래
오 주님의 기쁨이 별의 화환을 되찾았네

오 거룩한 주님의 팔이
이제 길을 잃은 양을 향해 천국의 길을 보이셨다

오 주님은 얼마나 사랑스러우신지
오 주님은 얼마나 자비하신지

보아라 저 밤의 신비한 은하의 꿈이어라

오 어디로 가는지 알지 못할 사랑이여
오 어디로 흘러가는지
잊지 못할 별들의 노래여

오 주님은 영원한 평강의 왕
오 주님은 영원한 사랑의 왕
오 주님은 영원한 영광의 왕

바람의 고향

세상을 바라봐도
들리지도 않고 또 보이지도 않네

이 세계에선
내 바라볼 수 있는 것이 아무 것도 없으므로
오직 주께서 예비하신 별을 타네

순수한 아름다운 빛이
아름다움의 영원을 흔드는 저 순간 속으로
저 한없이 기쁜 맑은 빛 사랑스런 영원의 마음 속으로

내 영혼
지상에선
빛의 궁전 저 바람의 고향을 위로하네

눈이 내리는 날

눈이 내리는 날
나 당신을 싣고 달린다

눈은 나의 별처럼 나의 꽃처럼
나와 함께 사랑스럽게 달리는 눈은
내 영혼의 빛처럼
나는 날아가

당신과 함께
날아가
당신 가득히 안고서
그 영원한 나라로 가네

눈이 내리는 날
천지에 갚을길 없는
이 보잘 것 없는 사랑이 날아간다
나 당신을 싣고 날아가

이 세상에서 가장 아름다운 사랑이
이 세상에서 가장 행복한 사랑이

김종율 시집

천 번의 입맞춤

인쇄 2023년 2월 6일
발행 2023년 2월 10일

지은이 김종율
발행인 서정환
펴낸곳 신아출판사
주소 전북 전주시 완산구 공북 1길 16(태평동 251-30)
전화 (063) 275-4000 · 0484
팩스 (063) 274-3131
이메일 sina321@hanmail.net
출판등록 제465-1984-000004호
인쇄·제본 신아출판사

저작권자 ⓒ 2023, 김종율
이 책의 저작권은 저자에게 있습니다. 서면에 의한 저자의 허락없이
내용의 일부를 인용하거나 발췌하는 것을 금합니다.
COPYRIGHT ⓒ 2023, by Kim Jongyul
All right reserved including the rights of reproduction in whole or in
part in any form.
저자와 협의, 인지는 생략합니다.
잘못된 책은 바꿔 드립니다.

ISBN 979-11-92557-84-7 03810
값 10,000 원

Printed in KOREA